# Lo mejor
# de la cocina mexicana

# Lo mejor
# de la cocina mexicana

Editorial Época, S.A. de C.V.
Emperadores No. 185
Col. Portales
03300 México, D.F.

*Lo mejor de la cocina mexicana*

© Derechos reservados 2004
© Por Editorial Época, S.A. de C.V.
Emperadores No. 185
03300-México, D.F.
www.editorialepoca.com.mx
E-mail: edesa2004@prodigy.net.mx
Tel. 56 04 90 46

ISBN-970627354-2

Impreso en México - *Printed in Mexico*

# Introducción

Hoy en día la cocina mexicana, al igual que la mayoría de las cocinas del mundo, ha sufrido transformaciones importantes que han hecho evolucionar la forma de preparar platillos tradicionales, volviendo a éstos, en su mayoría, más suculentos debido a dos elementos: la situación geográfica que determina lo que se debe comer en el lugar y lo que se tomó de otras culturas. Un ejemplo muy claro fue el impacto de la conquista de México, puesto que la gastronomía sufre verdaderos cambios por la incorporación de elementos nuevos, como las especias que trajeron los españoles, y estamos seguros de que algo similar ocurrió con la comida española.

Hablar de la comida mexicana no siempre es referirse al maíz y tortillas; por el contrario, es sorprendente ver que cada estado cuenta con sus platillos típicos que van desde la carne, el pescado, las aves y demás, dejando una opción inigualable de sabores tanto para los mexicanos como para los extranjeros, pues seguramente satisface a los más exigentes paladares.

En el presente ejemplar usted encontrará las recetas más significativas de nuestro país, pasando por las carnitas, la barbacoa, la deliciosa birria, los únicos e inigualables tacos, la cochinita pibil, y hasta los más exóticos y deliciosos manjares que sólo nuestra cultura le puede ofrecer. Verá cómo preparar un típico platillo mexicano es cuestión de arte y tradición.

# Recetas para
# platillos mexicanos

## Alambres estilo Sonora

INGREDIENTES:

500 gramos de pulpa de cerdo
12 chorizos de bola
350 gramos de papas cocidas y peladas
2 cebollas chicas en rebanadas
2 chiles cuaresmeños en rebanadas
1 manojo chico de rabanitos
manteca
sal y pimienta al gusto

CÓMO PREPARAR:

Corte la carne en cuadritos. Fría ligeramente en manteca los chorizos y retire; en la grasa que quedó, dore los cuadritos de carne y sazone con sal y pimienta. Retire la carne y en la misma grasa acitrone levemente la cebolla. Prepare las brochetas, ensartando en ellas, en forma alternada, la carne, las papas, el chorizo, la cebolla y el chile. Luego de haber ensartado todo, úntelas con manteca.

Prepare la parrilla con el carbón y coloque los alambres cuando haya una capa de ceniza sobre las brasas. Se dará vuelta de vez en cuando a los alambres para que se doren parejo. Sirva con rabanitos.

## Ancas de rana

INGREDIENTES:
9 ancas de rana
2 claras de huevo
¼ de taza de harina
100 gramos de mantequilla
limón y sal

CÓMO PREPARAR:

Limpie las ancas y páselas por agua hirviendo, deje remojar unos segundos para posteriormente enjuagar con agua fría. Séquelas muy bien y ponga a remojar un rato en las claras de huevo.

Páselas por harina para posteriormente freír con abundante mantequilla; deje dorar. Por último, sazone con limón y sal y sirva muy caliente.

# Barbacoa

INGREDIENTES:

1 pierna de cordero de 3 a 4 kilos
2 kgs de costillas de cordero
250 gramos de garbanzos previamente remojados
1 kg de zanahorias cortadas en cuadros
6 hojas de laurel
10 dientes de ajo
10 tomates verdes con cáscara partidos en cuatro
2 cucharadas de sal
1 cucharada de pimienta
2 cebollas partidas en cuatro
4 litros de pulque, cerveza o agua
8 pencas de maguey asadas
12 hojas de aguacate
6 chiles verdes (opcional)
masa para sellar la vaporera

CÓMO PREPARAR:

En el fondo de la vaporera se colocan el líquido, los garbanzos, zanahorias, laurel, ajo, tomates, sal, pimienta, cebollas, chiles, 4 hojas de aguacate. Coloque la rejilla en la parte superior de la vaporera, que se forra con pencas de maguey; se colocan las carnes alternando con hojas de aguacate. Se cubre con más pencas de maguey y se tapa, sellando la orilla del recipiente con masa de tortillas o una mezcla de harina y agua que forme una masa parecida a migaja de pan.

Se cuece directamente al fuego durante 4 horas aproximadamente.

## Birria estilo Jalisco

INGREDIENTES:

2 chivos tiernos en trozos
2 kgs de carne de puerco con costillas en trozos de 4
     centímetros aproximadamente
4 piezas de chile ancho asados y desvenados
6 chiles guajillos asados y desvenados
5 chiles morita asados
8 chiles cascabel asados
2 litros de pulque
20 pimientas negras machacadas
8 dientes de ajo asados machacados
1 cucharada de orégano
sal gruesa de cocina al gusto
4 pencas de maguey asadas (opcional)
masa para sellar la olla
1 kg de jitomates asados
3 cucharadas de manteca
2 tazas de cebolla de rabo finamente picada

CÓMO PREPARAR:

Se muelen los chiles con los ajos, pimienta, orégano, sal
y la mitad del pulque.

Unte todas las piezas de carne con un poco de sal
gruesa y se van bañando con la salsa hasta que queden

todas cubiertas. Tape y deje en lugar fresco o refrigerador toda la noche.

Al día siguiente, ponga unas pencas de maguey en la cazuela u olla y vierta por encima el resto del pulque, coloque las piezas de carne; se cubre con otra penca de maguey, se tapa la olla sellando con la masa y se deja a fuego bajo, 3 horas mínimo, o hasta que la carne se desprenda del hueso. Se desgrasa y se cuelan los jugos que escurrieron del cocimiento de la birria. Mezcle los jugos con jitomates y se ponen a fuego bajo 10 minutos. Se sirve muy caliente sobre carne deshebrada.

## Birria estilo Zacatecas

INGREDIENTES:

1 carnero tierno
2 kgs de masa de maíz
250 gramos de chile ancho
120 gramos de chile cascabel
30 gramos de chile mora
5 dientes de ajo
15 pimientas enteras
5 clavos de olor
2 ramitas de tomillo
1 raja de canela
½ cucharadita de cominos
orégano
½ litro de vinagre

1 kg de jitomate
60 gramos de chile cascabel
4 cebollas picadas
1 cucharadita de orégano en polvo
sal al gusto

CÓMO PREPARAR:

Parta el carnero en trozos, que se colocan en una bandeja de hornear. Ase los chiles, remoje en agua caliente y muela con todas las especias y los ajos. Agregue el vinagre necesario para formar una salsa y con ésta cubrir bien la carne. Deje reposar durante 24 horas. Pasado este tiempo, cubra la bandeja con un papel y luego con la masa de maíz, teniendo cuidado que quede completamente cubierta para que guarde el vapor. Ponga en el horno, previamente calentado a 250°C hasta que se cueza bien el carnero. Una vez cocido, destape la bandeja y mezcle todo el jugo que se formó con la salsa que se prepara de la siguiente manera: ponga a cocer el chile y el jitomate; muela y agregue la sal, el orégano en polvo y las cebollas picadas. Sirva bien caliente.

## Bisteces de res al pulque

INGREDIENTES:

1 ½ kgs de bisteces de res
3 zanahorias
3 papas

10 chiles serranos
1 cebolla
3 jitomates
1 manojo de perejil
5 litros de pulque
5 cucharadas de aceite de girasol
sal al gusto

CÓMO PREPARAR:

Pique las zanahorias, las papas, los chiles, la cebolla, el perejil y el jitomate en cuadros pequeños. Aparte caliente en una olla el aceite, vierta en él la carne y empiece a dorar con los demás ingredientes. Una vez cocidos los bisteces, agregue el pulque y mueva unos segundos. Tape y deje hervir durante media hora. Se sirve caliente.

# Burritos

INGREDIENTES:

1 ½ kgs de carne de res
1 ½ kgs de chile guajillo
500 gramos de jitomate
1 cebolla
1 kg de harina de trigo
agua (la necesaria)
3 dientes de ajo
sal al gusto

Cómo preparar:

Hierva la carne en 3 litros de agua junto con la mitad de la cebolla; sale al gusto. Aparte limpie perfectamente bien los chiles y desvene. Corte el jitomate, el resto de la cebolla y reserve. Una vez que esté lista la carne, escurra y corte finamente, o deshebrada si así lo prefiere. Muela los chiles con agua, jitomate y cebolla; coloque la mezcla en una olla para que sazone junto con el caldo de la carne. Una vez sazonado, agregue la carne y tape. Con la harina prepare una masa, agregando el agua necesaria, sal y azúcar. Con porciones pequeñas haga tortillas de 50 cm aproximadamente. Caliente cada tortilla en un comal y déles la vuelta sin dejar que se quemen, ponga en un plato y agregue la carne ya enchilada. Doble la tortilla por la mitad, después las orillas de manera que quede un taco de aproximadamente 30 cm. Sirva caliente.

## Cabrito en su sangre

Ingredientes:

1 cabrito chico
3 piezas de chile ancho colorado
2 chiles verdes
1 jitomate grande
1 cebolla chica
4 dientes de ajo
6 granos de pimienta
2 clavos de olor
comino al gusto

orégano al gusto
manteca
sal al gusto

CÓMO PREPARAR:

Retire la menudencia del cabrito y aparte su sangre. Córtelo en trozos y lave muy bien. Póngalo a cocer con agua suficiente para que lo cubra, los chiles verdes cortados, el jitomate, la cebolla y ajo picado.

Cuando esté hirviendo vacíe sobre la carne del cabrito la sangre reservada. Cuando ésta se haya cocido, retire y deshágala. Aparte, fría las tripas y menudencias, luego añada la carne y coloque encima los chiles colorados molidos, el clavo, el comino, la pimienta y la sal. Fría todo en manteca y deje sazonar. Espolvoree con orégano.

# Capirotada

INGREDIENTES:

4 panes cortados en rebanadas
2 piloncillos
½ taza de cacahuate pelado
2 tazas de agua
½ taza de pasas
1 taza de queso añejo partido en cuadros
1 rama de canela
1 cucharada sopera de grageas de colores
aceite

Cómo preparar:

Hierva el piloncillo con la canela en 2 tazas de agua hasta formar una miel. Dore las rebanadas de pan en aceite y quite el exceso de grasa con servilletas de papel.

En una cazuela coloque una capa de rebanadas dé pan, cúbralas con pasas, cacahuates y trozos de queso; luego otra capa de pan, pasas, cacahuates, etc., y así sucesivamente hasta terminar con estos ingredientes. Bañe con la miel.

Ponga la cazuela en baño María durante media hora hasta que se suavice el pan. Espolvoree con grageas de colores.

## Carne a la tampiqueña

Ingredientes:

6 tiras delgadas de aguayón sin aplanar
2 piezas de chile ancho
1 jitomate chico
1 diente de ajo
1 trozo de cebolla
6 trozos de queso asadero
6 tortillas
2 aguacates o 1 taza de guacamole
1 cebolla
6 limones
4 cucharadas soperas de aceite
sal al gusto

CÓMO PREPARAR:

Tueste, desvene y remoje los chiles; muélalos con el jitomate, el ajo, el trozo de cebolla y sal. Fría y sazone. Póngale limón y sal a la carne; ásela a la parrilla, de preferencia en lumbre de carbón. Ase levemente el queso, cuidando que no se queme. Coloque en cada plato una tira de carne, un trozo de queso asado, una tortilla pasada por la salsa y doblada, medio limón, guacamole o un pedazo de aguacate y rebanadas de cebolla.

# Carnitas

INGREDIENTES:

1 ½ kgs de carne de cerdo en trocitos
1 taza de leche
½ cebolla
1 cáscara de naranja
hierbas de olor al gusto
manteca para freír
sal y pimienta al gusto

CÓMO PREPARAR:

Fría la carne con la cebolla. Ya bien dorada, saque la cebolla, añada la taza de leche, las hierbas de olor y la cáscara de naranja. Baje la flama y deje cocer sin tapar durante cerca de una hora y media. Escurra la carne. Añada sal y pimienta.

## Cazón a la campechana

INGREDIENTES:

½ kg de cazón tierno, limpio y rebanado
2 tazas de agua
3 jitomates
1 chile güero
1 cucharada de chile piquín en polvo
2 ramas de epazote
1 cebolla
1 diente de ajo
aceite
sal al gusto

CÓMO PREPARAR:

Ponga a cocer el cazón en 2 tazas de agua con una rama de epazote. Fría la cebolla rebanada, la otra rama de epazote, el ajo y el chile güero.

Una vez fritos, añada el jitomate y el chile piquín. Sazone hasta que espese. Añada el cazón con su caldo y deje hervir para que espese un poco más, añada la sal y retire del fuego. Sirva muy caliente.

# Cazuela II

INGREDIENTES:

250 gramos de carne seca deshebrada
15 papas chicas

3 chiles poblanos asados, desvenados y picados
2 cebollas medianas picadas
1 jitomate grande sin piel, sin semillas y picado
1 ½ litros de agua
1 cucharada de perejil picado
3 cucharadas de puré de jitomate
1 ½ cucharadas de manteca
sal al gusto

Cómo PREPARAR:

Ponga a cocer las papas con cáscara en agua salada. En la manteca, fría las cebollas, los chiles y el jitomate y agregue la carne.

A las papas cocidas con su agua se agrega la carne frita, el puré y sal. Deje hervir hasta que sazone (15 minutos aproximadamente). Sirva muy caliente con el perejil espolvoreado.

# Cerdo al estilo jabalí

INGREDIENTES:

1 cerdo tierno
2 cebollas grandes en rebanadas
1 cabeza de ajo
1 rama de tomillo
4 hojas de laurel
1 rama de albahaca
1 rama de perejil

1 rama de salvia
1 rama de cilantro
1 rama de trébol
1 rama de hierbabuena
bayas de enebro al gusto
corteza verde de nuez al gusto
clavo de olor al gusto
sal y pimienta al gusto

Cómo PREPARAR:

Troce el cerdo, límpielo y lávelo perfectamente. Deje
marinar la carne en vinagre durante 8 días. Vierta todas
las especias y cocine.

# Ceviche

INGREDIENTES:

4 docenas de ostiones
½ kg de filetes de sierra en cuadritos
3 jitomates medianos
4 chiles jalapeños en vinagre
15 limones
8 cucharadas soperas de aceite de oliva
1 cebolla picada
6 cucharadas de cilantro picado fino
10 aceitunas
2 cucharadas cafeteras de orégano
1 aguacate pelado y partido en cuadritos
4 limones
galletas de soda

CÓMO PREPARAR:

Acomode los ostiones y el pescado en un recipiente de vidrio, agréguele el jugo de los limones y déjelo reposar una hora más o menos, para que tome color blanco. Enjuague el pescado y deseche el jugo. Regrese el pescado al recipiente, agregue la cebolla picada, el aceite, el cilantro, los chiles en rajas, el jitomate picado, el aguacate, el orégano, las aceitunas enteras, sal y pimienta. Revuelva todo muy bien y sirva acompañado con limón partido y galletas de soda.

# Ceviche de Acapulco

INGREDIENTES:

½ kg de filete de pescado sierra
½ taza de jugo de limón
2 jitomates grandes picados
1 cebolla mediana finamente picada
3 cucharadas de cilantro picado
3 cucharadas de aceite de oliva
2 aguacates
1 cucharadita de orégano
1 chile picado
4 aceitunas grandes
1 limón
sal al gusto

Cómo preparar:

Corte en hojas de pescado los filetes, y recúbralos con jugo de limón. Así deje durante varias horas, hasta que el pescado se haya cocido. Escurra bien los trozos, y lávelos con agua fría filtrada. Mezcle con los jitomates, el cilantro, el chile picado, la cebolla, el aceite, la sal y un poco de limón.

Coloque todo en un platón, meta al refrigerador. Antes de llevarse a la mesa, agregue los aguacates, pelados y partidos en cuadros y el orégano.

## Cochinita pibil

Ingredientes:

1 cochinita tierna
8 naranjas
12 dientes de ajo
15 cominos
25 gramos de pimienta
1 cucharadita de achiote
hojas de plátano
1 cucharadita de orégano
sal al gusto

Cómo preparar:

Limpie y flamee la cochinita. Póngala en agua hirviendo un rato para poder pelarla. Luego, haga tajos y unte con

naranja y sal. Mezcle esta preparación con la naranja que
quedó y unte con naranja y sal. Ase los ajos y muela con
el achiote, las especias y sal. Mezcle esta preparación
con la naranja que quedó y unte con ella la cochinita,
dejando en un lugar fresco durante 24 horas. Después,
coloque en una cazuela con algunas hojas de plátano
arriba. En seguida se mete al horno para barbacoa, deján-
dola cocinar unas 3 horas para que se cueza perfectamente.

# Codornices en vinagre

INGREDIENTES:

6 codornices
¼ de taza de vinagre
sal y pimienta al gusto

CÓMO PREPARAR:

Sin quitarle las plumas a las codornices, córteles la cabeza y las patas. Lave perfectamente bien y destrípelas por
la parte posterior, teniendo mucho cuidado de retirar la
comida que pudo haber quedado en el buche.

Sazone con la sal, la pimienta y el vinagre, después
envuelva cada codorniz en una torta de barro; póngalas
sobre fuego y retírelas cuando el barro se ponga color
blanco.

Parta el barro por la mitad, todas las plumas se quedarán adheridas al barro y las codornices estarán cocidas, sirva inmediatamente.

## Costillas de cerdo a la cerveza

INGREDIENTES:

2 kgs de costilla de cerdo
1 kg de cebollitas cambray
5 chiles cuaresmeños
sal de ajo (la necesaria)
50 gramos de manteca de cerdo
5 limones
3 cervezas oscuras

CÓMO PREPARAR:

En una plancha o en una sartén vierta la manteca, las costillas de cerdo, los chiles cortados en cuartos. Sazone con la sal de ajo y los limones. Cuando observe que la carne está dorada completamente, agregue las cebollas a las que habrá quitado previamente el rabo. Vierta las cervezas. Deje por espacio de 15 minutos a fuego lento. Sirva caliente.

# Charales con chiles

INGREDIENTES:

250 gramos de charales secos
1 chile verde picante
1 chile pasilla
1 jitomate grande
2 tomates verdes
1 diente de ajo
lechuga
rábanos cortados en forma de flor
aceite
sal al gusto

CÓMO PREPARAR:

Limpie y lave muy bien los charales, fríalos en aceite y agregue una salsa preparada con los demás ingredientes sazonados con sal. Colóquelos con aceite a fuego medio y déjelos sazonar bien. Al servir, decore con hojas de lechuga y rábanos.

# Chichicuilotes con hongos

INGREDIENTES:

6 chichicuilotes
½ pan bolillo
60 gramos de hongos
25 gramos de mantequilla

¼ de taza de caldo
¼ de vaso de vino blanco
½ cucharada de harina
50 gramos de manteca
sal y pimienta al gusto

CÓMO PREPARAR:

Desplume los chichicuilotes, quíteles la menudencia y chamúsquelos. Ábralos por el lomo sin partirlos, lávelos muy bien y deshuéselos, rellenándolos con sus hígados picados, la miga de pan remojada en caldo, un poco de mantequilla, sal y pimienta. Áteles las patas.

Rehogue en una cacerola con manteca derretida, vino, sal y pimienta. Deje cocinar a fuego lento durante 45 minutos. Aparte, dore la harina con manteca, vierta el caldo y los hongos. Sazone con sal y pimienta y deje hasta que se cuezan los hongos y la salsa espese. Coloque las aves en una fuente y rocíelas con la salsa. Sirva bien caliente.

## Chilaquiles sinaloenses

INGREDIENTES:

18 tortillas
6 piezas de chile ancho
1 trozo de cebolla
3 dientes de ajo picados finamente

1 taza de queso añejo, rallado
aceite
sal al gusto

Cómo preparar:

Parta las tortillas en cuatro, levante la capa de encima, rellénelas con queso rallado, cierre, fría y escurra. Desvene, remoje y licue los chiles con el ajo y el trozo de cebolla con un poco del agua en que se remojaron los chiles. Fría hasta que sazone y añada sal. Agregue 2 tazas de agua. Hierva un poco y retire del fuego. Coloque las tortillas en el fondo de una cazuela, vierta el caldillo y cubra de queso rallado. Sirva caliente.

# Chilate de pescado seco

Ingredientes:

1 kg de pescado seco desmenuzado y remojado
100 gramos de chile guajillo
1 diente de ajo
1 rama de epazote
1 cucharada de manteca
sal al gusto

Cómo preparar:

Ponga a remojar el pescado por 8 horas; escurra. Se prepara una salsa con chile guajillo, ajo y sal al gusto, todo bien molido. Se fríe en la manteca. Una vez hecho esto, agregue dos tazas de agua y al empezar a hervir se le pone el pescado. Añada la rama de epazote y cocine hasta que el pescado esté suave.

## Chiles en nogada

INGREDIENTES:

12 chiles poblanos
4 huevos
1 cucharada de harina
1 taza de aceite
500 gramos de carne de puerco molida
1 cebolla finamente picada
1 diente de ajo
1 taza de puré de jitomate
60 gramos de pasas
60 gramos de almendras
30 gramos de piñones
2 acitrones
2 duraznos
2 peras
2 manzanas
1 plátano macho maduro
100 gramos de nueces de Castilla
100 gramos de queso de cabra
1 copa de oporto (jerez)
1 taza de leche
1 granada
1 rama de perejil chino

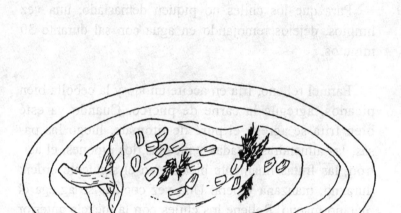

Cómo preparar:

Tueste los chiles y envuélvalos en una bolsa de plástico, déjelos media hora, quite las venas y la piel y lave en agua corriente. Se deben abrir con mucho cuidado por un lado para no llegar a los extremos.

Para que los chiles no piquen demasiado, una vez limpios, déjelos remojando en agua con sal durante 30 minutos.

Para el relleno, fría en aceite un ajo y la cebolla bien picados, agregue la carne de puerco. Cuando ya esté bien frita se agrega el puré de jitomate, luego las pasas, las almendras peladas y picadas, los piñones, el acitrón, las frutas finamente picadas en el siguiente orden: durazno, manzana y pera. Una vez cocidas se agrega el plátano macho. Rellene los chiles con la mezcla anterior de manera que queden bien surtidos.

La nogada se prepara de la siguiente manera: un día antes se pelan las nueces de Castilla y se dejan remojando en agua que las cubra, se tapan y se dejan en la parte baja del refrigerador. Al siguiente día se escurren y se les remoja en leche. Se muelen las nueces con un poco de leche, el queso de cabra y la copa de oporto. Bañe con esta salsa los chiles ya acomodados en el plato (un chile por plato) y cubra con la granada y perejil picado.

# Empanadas de camarón

INGREDIENTES:

500 gramos de masa de maíz
500 gramos de camarón mediano pelado y bien lavado
2 cucharadas de aceite de maíz
1 cebolla mediana finamente picada
2 chiles serranos finamente picados
2 jitomates grandes
50 gramos de mantequilla
aceite de maíz
sal al gusto

CÓMO PREPARAR:

Se hacen ocho tortillas grandes con la masa, se les pone el relleno que preparará con el camarón, la cebolla y los demás ingredientes sazonados en mantequilla. Cierre en forma de empanadas apoyándose con la punta de un tenedor para que no se abran. Se fríen en aceite bien caliente, se escurren sobre papel absorbente y se sirven inmediatamente.

# Enchiladas de pato

INGREDIENTES:

24 tortillas
1 pato mediano
175 gramos de manteca

5 piezas de chile ancho
1 lechuga
2 cebollas
2 dientes de ajo
4 rabos de cebolla
2 xoconostles
1 manojo de rábanos
2 cucharadas de pan molido
2 cucharadas de ceniza
2 tunas
¼ de cucharadita de orégano en polvo
sal al gusto

CÓMO PREPARAR:

Limpie, flamee y lave bien el pato. Luego, corte en piezas y cocine en agua con sal, ceniza, 1 cebolla, rabos de cebolla y tunas. Ya cocido, deshebre y fría el pato en manteca, para el relleno. Prepare friendo el pan molido con los chiles desvenados. Una vez fritos éstos, muélalos junto con el ajo, la cebolla y añada el orégano. En esta salsa, remoje las tortillas, una por una. Después, rellene con el pato ya frito y enrolle. Para servir, decore con las hojas de lechuga y los rábanos cortados en forma de flores.

## Enchiladas rojas

INGREDIENTES:

12 tortillas chicas
500 gramos de pollo deshebrado

125 gramos de queso Chihuahua desmenuzado
2 piezas de chile ancho
½ taza de crema de leche
½ taza de leche
1 jitomate grande
3 cucharadas de aceite
½ cucharada de fécula de maíz
½ diente de ajo
½ cebolla picada fina

Cómo preparar:

Desvene los chiles y remójelos en agua hirviendo, desvénelos y lícuelos con el ajo, la mitad de la cebolla, el jitomate, la fécula de maíz y la leche. Cocine la salsa a fuego lento. Pase las tortillas en aceite caliente evitando que se doren. Remoje las tortillas fritas en la salsa, luego rellénelas con el pollo deshebrado. Al servir decore con cebolla, crema y queso.

# Flautas del norte

Ingredientes:

10 tortillas
350 gramos de lomo de cerdo molido
1 cebolla picada
300 gramos de jitomate asado en puré
30 gramos de pasas sin semilla
30 gramos de almendras

$^1/_8$ de cucharada de clavo de olor molido
$^1/_8$ de cucharada de canela molida
600 gramos de papas fritas
$^1/_4$ de litro de aceite
sal y pimienta al gusto

CÓMO PREPARAR:

Fría la cebolla picada en 2 cucharadas de aceite; cuando esté acitronada, agregue la carne, y una vez que esté bien frita, añada el jitomate asado, molido y colado, las almendras peladas y picadas, las pasas, clavo de olor, canela, sal y pimienta. Deje hervir hasta que espese. Rellene las tortillas con el picadillo, enrolle y fría en aceite.

Coloque en un platón y meta al horno. Cuando doren retírelas del horno. Acompáñelas con papas fritas.

# Frijoles de Tabasco

INGREDIENTES:

500 gramos de frijol negro
500 gramos de pulpa de cerdo
1 chile pequeño
$^1/_2$ cebolla
1 ramita de cilantro
5 rábanos
2 limones
sal al gusto

Cómo preparar:

Remoje los frijoles durante 9 horas en agua fría. Enjuáguelos y póngalos al fuego, y cuando empiecen a cocerse, añada la carne de cerdo en trozos, la cebolla picada, el chile entero y la sal. Cuando todo esté bien cocido, coloque en el plato de cada comensal una tajada de limón, unas hojitas de cilantro y el rábano finamente picado. Servir bien caliente

## Gallinas en alcaparras

Ingredientes:

1 gallina grande
100 gramos de jamón crudo
100 gramos de chorizo
5 rebanadas de piña
1 manzana en rebanadas
1 pera en rebanadas
1 camote en rebanadas
1 jitomate grande
1 cebolla chica
4 dientes de ajo
manteca (la necesaria)
1 clavo de olor
50 gramos de alcaparras
50 gramos de almendras
50 gramos de pasas
5 gramos de azafrán
vino tinto (el necesario)
sal y pimienta al gusto

CÓMO PREPARAR:

Unte con bastante manteca una cazuela grande y póngale en el fondo una capa de jitomate, cebolla y ajo, todo bien picado; las especias molidas, jamón y chorizo en rajas, las rebanadas de fruta y camote, alcaparras, pasas y almendras. Reserve la mitad. Limpie y lave perfectamente la gallina, pártala en trozos grandes y retire los huesos.

Coloque la carne y encima los ingredientes que sobraron. Agregue vino en la cantidad necesaria para cubrir todo lo que contiene la cazuela. Ponga a cocinar a dos fuegos, hasta que se haya cocido bien la carne y sazonado el caldillo. Sirva caliente.

## Garnachas poblanas

INGREDIENTES:

15 tortillas
125 gramos de pulpa de cerdo
3 piezas de chile ancho
¼ de taza de cebolla
150 gramos de papas, cocidas y peladas
125 gramos de manteca
sal al gusto

CÓMO PREPARAR:

Un día antes, tueste, desvene y quítele las semillas a los chiles. Póngalos a remojar en agua caliente con sal. Al

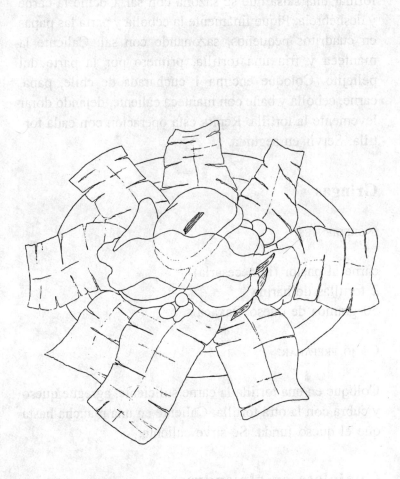

día siguiente, muela y agregue un poco de agua, para formar una salsa que se sazona con sal. Cocine la carne y deshébrela. Pique finamente la cebolla y parta las papas en cuadritos pequeños, sazonando con sal. Caliente la manteca y fría una tortilla, primero por la parte del pellejito. Coloque encima 1 cucharada de chile, papa, carne, cebolla y bañe con manteca caliente, dejando dorar levemente la tortilla. Repita esta operación con cada tortilla. Servir en seguida.

## Gringas

INGREDIENTES:

carne al pastor (la necesaria)
2 tortillas de harina
50 gramos de queso Oaxaca

CÓMO PREPARAR:

Coloque en una tortilla la carne suficiente, agregue queso y cubra con la otra tortilla. Caliente en una plancha hasta que el queso funda. Se sirve caliente.

## Guajolota en almendras

INGREDIENTES:

4 guajolotas
1 yema de huevo cocido
25 gramos de manteca

25 gramos de almendras
1 taza de caldo de las aves
150 gramos de jitomate asado
1 chile en vinagre
1 cebolla
20 gramos de aceitunas
15 gramos de pan
1 diente de ajo
1 clavo de olor
½ raja de canela
3 cucharadas de jerez seco
sal y pimienta al gusto

CÓMO PREPARAR:

Limpie muy bien las guajolotas; lave y ponga a cocinar con agua, media cebolla, 3 aceitunas y sal. Fría con manteca el pan, el clavo, la canela y las almendras con su piel. Luego, mezcle todo con el jitomate asado, la cebolla restante, el ajo y la yema; después, disuelva en una taza del caldo de las aves.

Sazone todo con sal y pimienta, y cuando empiece a espesar, agregue el jerez y el chile. Deje hervir hasta que resulte una salsa muy espesa. Sirva caliente.

# Huachinango a la poblana

INGREDIENTES:

1 huachinango de 750 gramos
250 gramos de chícharos cocidos

50 gramos de mantequilla
6 cebollitas de Cambray
3 limones
4 cucharadas de aceite
mayonesa
sal y pimienta al gusto

Cómo preparar:

Limpie y lave perfectamente el pescado, úntelo con el jugo de 1 limón, aceite, sal y pimienta; coloque con las cebollitas en una fuente refractaria untada con mantequilla. Añada el aceite y ponga en el horno, que debe estar a 250°C, durante 25 ó 30 minutos. Ya cocido, quite y disponga sobre un platón, colocándole alrededor los chícharos cocidos y aderece con mayonesa.

## Huevos al estilo yucateco

Ingredientes:

8 huevos
8 tortillas de maíz
3 chiles poblanos (cortados en rajas)
½ kg de jitomate
1 cebolla grande
100 gramos de manteca
1 taza de crema de leche
sal al gusto

Cómo preparar:

Levante la piel superior de las tortillas y sobre cada una de ellas rompa un huevo y sazone con sal. En una sartén fría en manteca las tortillas con un huevo cada una. Luego dispóngalas en un platón y cubra el huevo con la piel de cada tortilla. Bañe con la salsa que se prepara de la siguiente manera: fría y acitrone la cebolla, añada las rajas de chile, el jitomate y la sal. Hierva hasta que se condense. Incorpore después la crema.

## Huevos con rajas y tocino

Ingredientes:

6 huevos
6 jitomates
2 chiles chilchotes picantes
6 rebanadas de tocino
rebanadas de queso fresco
manteca
sal y pimienta al gusto

Cómo preparar:

Cueza jitomates y muélalos. Ase las rajas del chile chilchote y fría junto con el jitomate molido. Sazone con sal y pimienta. Cuando esté bien frito, añada los huevos revueltos. Este platillo se sirve adornado con las rebanadas de queso fresco y tocino.

# Huevos en salsa roja

INGREDIENTES:

8 huevos
100 gramos de chile guajillo
3 dientes de ajo
250 gramos de jitomates hervidos
1 rama de epazote
50 gramos de manteca
18 ciruelas amarillas silvestres enteras
sal al gusto

CÓMO PREPARAR:

Tueste el chile en el comal, desvene y muela en el molcajete, agregue el ajo y los jitomates hervidos. Ponga la salsa al fuego con media taza de agua, la sal, las ciruelas y el epazote. Deje a fuego lento de 8 a 10 minutos y ponga los huevos a cocer en la salsa.

# Huitlacoche en chipotle

INGREDIENTES:

500 gramos de huitlacoche
2 chiles poblanos
½ taza de crema
1 cebolla mediana finamente picada
80 gramos de queso fresco
manteca

aceite
sal y pimienta al gusto

CÓMO PREPARAR:

Tueste, desvene y retire las semillas a los chiles. Después, córtelos en rajas o píquelos en trozos medianos.

En aceite fría la cebolla, las rajas de chile, el huitlacoche picado y condimente con sal. Aparte, engrase una fuente refractaria con manteca y coloque en ella capas de huitlacoche con rajas, crema y queso rallado.

Hornee a 200°C durante 10 minutos. Sirva caliente.

# Jaibas al chimpachole

INGREDIENTES:

6 jaibas
1 cucharada de manteca o aceite de oliva
1 litro de caldo de pescado
3 chiles anchos
1 cebolla
2 dientes chicos de ajo
1 rama de epazote
sal al gusto

CÓMO PREPARAR:

Quite las conchas y las tenazas a las jaibas, lávelas bien y corte en pedazos sin sacar la carne de las conchas;

ponga a cocinar en un caldillo que se habrá hecho con los chiles tostados y molidos, la cebolla, los dientes de ajo fritos en manteca y el caldo. Cuando rompa el hervor, agregue el epazote. Deje cocinar a fuego lento hasta que las jaibas queden muy bien cocidas. Sazone con sal y sirva muy caliente.

## Langosta en ajo

INGREDIENTES:

4 o 5 langostas frescas
100 gramos de mantequilla
2 cabezas de ajo machacadas
2 jitomates en rebanadas (opcional)
¼ de col (opcional)
750 gramos de verduras cocidas (opcional)
vino blanco (opcional)
sal y pimienta al gusto

CÓMO PREPARAR:

Introduzca las langostas en agua hirviendo hasta que queden rojas (se pueden cocer en vino blanco). Corte las langostas a lo largo, cuidando que las partes se conserven unidas.

Retire las vísceras y sazone con sal y pimienta. En una sartén se quema la mantequilla con el ajo pelado y machacado. Vierta esta mezcla sobre las langostas abiertas; cocínelas en el horno caliente, hasta que se doren.

Acompáñelas con ensalada de jitomate y col o con verduras cocidas.

# Langostinos adobados

INGREDIENTES:

½ kg de langostinos frescos
2 cucharadas de aceite de oliva
50 gramos de mantequilla
2 chiles anchos en tiras desflemadas
1 diente de ajo
1 manojo de hierbas aromáticas
½ taza de vino blanco
sal al gusto

CÓMO PREPARAR:

Quite el caparazón a los langostinos y lávelos muy bien. Fríalos en mantequilla y una cucharada de aceite; cuando los langostinos empiecen a tomar color, agregue la sal, las hierbas aromáticas y el vino; deje en el fuego hasta que estén casi secos.

Muela el ajo junto con el chile y fríalo en el aceite sobrante, para agregarle a los langostinos. Deberán quedar casi secos.

Pueden consumirse como botana o acompañados con arroz blanco.

# Lengua mechada

INGREDIENTES:

½ kg de lengua de ternera
100 gramos de jamón magro
100 gramos de jamón gordo
½ cebolla
2 jitomates en trozos
4 dientes de ajo
½ vaso de vinagre
1 vaso de vino tinto
2 clavos de olor
¼ de cucharadita de pimienta
¼ de cucharadita de canela
¼ de cucharadita de jengibre en polvo
1 pizca de orégano
50 gramos de alcaparras
50 gramos de aceitunas
1 rama de salvia
3 cucharadas de aceite o mantequilla
sal al gusto

CÓMO PREPARAR:

Poner la lengua a cocinar en agua, retirándola a mitad de la cocción. Se le quita el pellejo y se mecha con 2 dientes de ajo, el jamón gordo, el clavo, la canela y la pimienta en polvo, todo muy bien picado y bien revuelto.

Coloque luego en una cazuela, agregándole la mitad de vino, el vinagre y otra vez clavo, canela y pimienta molidas, el jitomate, el jengibre molido, la salvia y la sal.

Ponga en el horno la cazuela a 200°C, y deje hasta que esté todo perfectamente cocido.

Ponga en el fuego aceite o mantequilla, los ajos picados que quedaron y el jamón magro finamente picado. Cuando estén fritos, añada un poco del caldo en que se cocinó la lengua, el vino restante, una pizca de orégano, la cebolla picada muy fina, las alcaparras, las aceitunas y la sal.

Deje sazonar un buen rato y añada la lengua con su recaudo. Después de unos minutos, retire de la lumbre y sirva caliente.

# Lomo de cerdo con ciruelas

INGREDIENTES:

750 gramos de lomo de cerdo
1 cebolla
1 diente chico de ajo
4 limones (el jugo)
24 ciruelas frescas
1 taza de agua
1 taza de azúcar
2 cucharadas de aceite
sal y pimienta al gusto

CÓMO PREPARAR:

Una hora antes de poner la carne al horno, úntela con una pasta hecha a base de ajo, cebolla, el jugo de 3 limones, sal y pimienta. Después, coloque la carne en una fuente refractaria engrasada y bañe con aceite. Ponga en el horno previamente calentado a 230°C. Deje una hora aproximadamente o hasta que suavice la carne. Aparte, ponga en una cacerola el azúcar y agua; remueva con una cuchara hasta que el azúcar se haya derretido. Cuando suelte el hervor dejar de remover y añada jugo de limón. Hierva un minuto y agregue las ciruelas. Deje hervir hasta que estén bien cocidas.

# Lomo de res en pepitoria

Ingredientes:
500 gramos de lomo de res
100 gramos de chile ancho
50 gramos de almendras
50 gramos de nueces
50 gramos de piñones
1 taza de vinagre
1 pizca de orégano
¼ de cucharada de comino
1 rama de hierbabuena
1 rama de perejil
manteca
sal al gusto

CÓMO PREPARAR:

Corte la carne en rebanadas delgadas. Tueste, desvene y muela dos chiles con sal y comino. Pique finamente el perejil, las almendras, las nueces y los piñones. Unte las rebanadas de carne con un poco de chile y rellénelos con el picadillo anterior. Enrolle y ate con un hilo. Fría los rollitos en manteca y en el mismo recipiente añada el vinagre y el chile que quedó; incorpore el orégano y la hierbabuena y deje cocer a fuego muy lento durante 45 minutos aproximadamente.

# Machaca de Monterrey

INGREDIENTES:

200 gramos de carne seca de res
6 huevos
4 jitomates
3 cucharadas de cebolla picada
3 chiles serranos
tortillas de harina
manteca
sal al gusto

CÓMO PREPARAR:

En una cazuela con manteca, acitrone la cebolla; después, agregue la carne ya cortada, el jitomate, los chiles picados y sal. Dejar refreír a fuego lento y cuando casi se haya secado, añada los huevos levemente batidos. Sazone y deje secar. Sirva con las tortillas de harina.

# Manchamanteles

INGREDIENTES:

1 pollo tierno
250 gramos de lomo de cerdo
400 gramos de jitomate
4 piezas de chile ancho
1 rebanada de pan de caja
1 cucharada de cacahuates pelados
1 cebolla chica
1 diente de ajo chico
½ cucharada de azúcar
hierbas de olor al gusto
1 cucharada de vinagre
3 cucharadas de aceite vegetal
½ plátano macho
½ camote mediano
2 perones
125 gramos de chícharos de Cambray
manteca
1 rebanada de piña pelada
sal al gusto

CÓMO PREPARAR:

Un día antes, tueste, desvene y quítele las semillas a los chiles; luego, póngalos a remojar en agua caliente con sal y media cucharada de vinagre.

Al día siguiente, escurra y muela con la cebolla, el ajo, los cacahuates, el pan frito y los jitomates previamente pelados y sin semillas. Aparte, ponga el pollo a cocinar en agua caliente con la mitad de la cebolla, ajo y las hierbas de olor.

Fría los ingredientes molidos y agrégueles el caldo de pollo, formando la salsa. Fría el lomo de cerdo aparte con un poco de manteca. Cuando esté cocido, córtelo en tiritas. Hierva la salsa unos minutos, agregue el pollo, el lomo, el vinagre, el azúcar, rebanadas de plátano, el perón, los chícharos, la piña en trocitos y las rebanadas del camote (todo esto previamente cocido). Sazone con sal y deje hervir hasta que las frutas espesen.

## Manitas de cerdo

INGREDIENTES:

12 manitas de puerco ya cocidas
1 lechuga
fruta de temporada (pera, manzana, ciruela, naranja)
2 cebollas grandes en rebanadas
2 dientes de ajo
½ taza de aceite de oliva
3 chiles poblanos en rajas
½ taza de vinagre
½ hoja de laurel
½ cucharada de orégano
3 granos de pimienta
½ taza de agua
queso añejo o fresco rallado
sal al gusto

Cómo preparar:

El día anterior fría en aceite los ajos enteros, las rebanadas de cebolla y los chiles.

Cuando la cebolla esté acitronada, agregue el vinagre, el aceite de oliva, los granos de pimienta, el laurel, el orégano, el agua y la sal.

Cuando empiece a hervir, retire de la lumbre y agregue las manitas. Deje reposar toda la noche.

Al día siguiente ponga sobre una capa de lechuga, acompañada de fruta de temporada y espolvoree el queso.

# Mixiotes de pollo

Ingredientes:

1 pollo tierno
3 piezas de chile ancho
1 chile mulato limpio
1 chile pasilla limpio
1 diente de ajo
1 cucharada de aceite
½ taza de vinagre
100 gramos de aceitunas finamente picadas
1 trozo de cebolla molida
10 hojas de maguey
sal al gusto

CÓMO PREPARAR:

Tueste, desvene y remoje los chiles en agua caliente con vinagre. Luego se cocina la cebolla y el ajo. Fría en aceite. Sazone con sal, pimienta y agréguele las aceitunas. Al retirar del fuego, añada las piezas del pollo y mezcle bien.

En las hojas de maguey, bien limpias, coloque las piezas del pollo cubriéndolas con bastante salsa. Luego, amarre y ponga en una vaporera hasta que el pollo esté bien cocido. Sirva muy caliente en las mismas hojas.

## Mixiotes de ternera

INGREDIENTES:

2 kgs de carne de ternera (surtida)
1 kg de chile preparado (especial para mixiote)
1 frasco chico de aceitunas
½ litro de agua
2 manojos de hierbas de olor (laurel y tomillo)
50 hojas de aguacate
15 bolsas especiales para mixiote o bien hojas de tamal
sal al gusto

CÓMO PREPARAR:

Lave y corte muy bien la carne; seccione en trozos pequeños. Aparte vierta el chile preparado con el medio litro de agua y deje sazonar. En las hojas o bolsas coloque cantidades iguales de carne; añada dos cucharadas del chile ya sazonado, una aceituna, 2 hojas de aguacate, 2 hojas de laurel y una pizca de tomillo. Amarre bien las bolsas o envuelva la carne con las hojas de tamal. Coloque en una vaporera durante 2 horas o hasta que la carne esté tierna. Sirva caliente acompañando los mixiotes preferentemente con arroz.

# Mole de guajolote

INGREDIENTES:

1 guajolote mediano
200 gramos de chile mulato
200 gramos de chile ancho
100 gramos de chile pasilla
100 gramos de almendras
100 gramos de pasas
10 granos de pimienta, chicos
2 tomates verdes
6 clavos de olor
1 cebolla
5 dientes de ajo
4 tiras de canela
100 gramos de ajonjolí
100 gramos de semilla de los chiles
½ bolillo
1 tortilla del día anterior
2 tablillas de chocolate
200 gramos de manteca
3 cucharadas de azúcar
sal al gusto

Cómo preparar:

Limpie y lave bien el guajolote. Retire las patas y la cabeza. Troce y ponga a cocinar en bastante agua, con la cebolla, los ajos y la sal. Cuando esté bien cocido, retírelo del fuego y prepare el mole. Dore en manteca los chiles desvenados y los demás ingredientes, menos el ajonjolí, el azúcar y el chocolate. Ya fritos, muélalos perfectamente. Ponga a freír en bastante manteca y agregue el chocolate; cuando éste se haya derretido y el mole esté bien refrito, añada el caldo necesario hasta obtener una salsa de la consistencia deseada. Agregue entonces las piezas del guajolote. Sazone con sal y añada las cucharadas de azúcar. Continúe cocinando a fuego lento, removiendo continuamente para evitar que se pegue. Al servir espolvoree ajonjolí.

## Mole estilo morelense

Ingredientes:

500 gramos de carne de cerdo en trozos
500 gramos de carne de carnero en trozos
500 gramos de carne de ternera en trozos
500 gramos de cecina en tiras
5 chiles pasilla tostados (desvene y remoje)
10 piezas de chile ancho tostados (desvene y remoje)
5 chiles mulatos tostados (desvene y remoje)
500 gramos de tomates verdes
2 cucharadas de semillas de chile tostadas
2 cebollas

6 dientes de ajo
10 tunas xoconostles (rosadas) cortadas en tiras gruesas
    (peladas)
1 rama de epazote
100 gramos de masa de maíz
sal al gusto

CÓMO PREPARAR:

La carne y la cecina se ponen a cocer en una olla donde
el agua las cubra de 6 a 8 cm. Una vez hervidas se les
agregan los chiles molidos, con tomates, semillas, cebollas, ajos, xoconostles y epazote. La masa se disuelve en
un poco de caldo de la misma carne y se agrega a la olla.
Sazone con sal y deje hervir a fuego lento hasta que esté
cocido.

# Mole negro

INGREDIENTES:

1 guajolote tierno
1 kg de espinazo de cerdo
750 gramos de jitomate
50 gramos de almendras
50 gramos de cacahuates
50 gramos de ajonjolí
10 chiles mulatos
18 chiles chihuacles
6 clavos de olor
6 granos de pimienta

½ bolillo
1 hoja de aguacate
1 tortilla
1 tablilla de chocolate
1 raja de canela
1 cucharada de orégano
4 cebollas finamente picadas
7 cabezas de ajo picadas
manteca
sal al gusto

Cómo preparar:

En el comal tueste los chiles chihuacles hasta que se pongan negros. Lo mismo se hace con la tortilla. Ase los chiles desvenados y póngalos a remojar en agua con sal. En suficiente agua ponga a cocer el guajolote y el espinazo de cerdo, junto con la cebolla, el ajo y la sal. Sáquele a los chiles sus semillas, muélalos y fría en manteca. Tueste el ajonjolí y la hoja de aguacate. Luego muela con la tortilla tostada, las almendras, los cacahuates, las semillas de chile, el pan y las especias y fría todo. Agregue el chile y fría otro poco. Luego ponga el jitomate (molido y colado), el chocolate y el caldo en que se cocinó el guajolote y el espinazo dejando hervir hasta que la salsa espese lo necesario.

# Mole poblano

INGREDIENTES:

1 pavo tierno
8 chiles anchos
15 chiles mulatos
2 piezas de chile pasilla
1 chipotle
3 jitomates grandes, maduros
50 gramos de almendras
50 gramos de pasas
2 cucharadas de ajonjolí tostado
½ bolillo frito
1 pizca de clavos de olor, molidos
1 pizca de canela, molida
1 rama de perejil
1 pizca de pimienta, molida
1 cebolla mediana, frita
3 dientes de ajo, asados
1 cucharadita de azúcar
¼ de tablilla de chocolate
1 tortilla frita
1 taza de manteca

CÓMO PREPARAR:

Un día antes, tueste y quite las semillas a los chiles, desvene y remoje en agua con sal durante toda la noche. Al día siguiente, escurra bien los chiles excepto el chipotle y muela con las especias, el ajonjolí, el pan, la tortilla frita, la cebolla y 2 dientes de ajo. Ase los jitomates quitándoles la piel y las semillas y muela con el chipotle. Limpie, flamee y lave perfectamente el guajolote trozado y ponga a cocinar las menudencias y el pescuezo en agua con cebolla, perejil, 1 diente de ajo, hasta obtener un buen caldo. Fría las piezas del pavo con manteca en una cazuela grande. Cuando estén bien fritas, agregue el jitomate molido con el chipotle. Una vez que empiece a secarse, añada caldo y cuando vuelva a secarse otra vez, agréguele el chile molido con lo demás. Deje refreír un rato, y añada caldo y sal. Deje hervir hasta que el guajolote esté muy suave. Si se necesitara, agregue agua o caldo. Incorpore el azúcar y el chocolate, dejando hervir un rato más. Decorarlo con las pasas y las almendras.

# Molletes

INGREDIENTES:

2 bolillos
50 gramos de frijoles refritos
50 gramos de queso Oaxaca
50 gramos de queso manchego
150 gramos de jitomate
100 gramos de cebolla
1 chile serrano
1 cucharada de mantequilla
2 rebanadas de jamón (opcional)

CÓMO PREPARAR:

Corte los bolillos por la mitad, unte con la mantequilla, los frijoles y en cada mitad de pan, agregue media rebanada de jamón.* Coloque el queso manchego. Aparte pique el jitomate, la cebolla y el chile para preparar una salsa pico de gallo. Mezcle bien y ponga encima de las mitades de pan. Agregue el queso Oaxaca. Meta al horno durante 5 minutos o hasta que gratine el queso. Sirva caliente.

## Nopalitos con chipotle

INGREDIENTES:

500 gramos de nopalitos tiernos
500 gramos de jitomate
1 ½ cucharadas de aceite vegetal
½ taza de crema espesa
50 gramos de queso tipo Chihuahua
chiles chipotles en vinagre en cantidad necesaria
rabos de cebolla
aceite
sal al gusto

CÓMO PREPARAR:

Corte los nopales en cuadros o tiras finas y cocínelos en poca agua con rabos de cebolla y sal.

Escúrralos luego en un colador; para que se enfríen rápido hay que cubrirlos con un paño bien mojado en agua fría que se cambia varias veces. Quítele la piel y las

---

* Puede añadir a esta receta chorizo en vez del jamón.

semillas a los jitomates y muélalos con los chiles chipotles. Después, fríalos en aceite. Unte con aceite o mantequilla una fuente refractaria y en ella coloque capas de nopalitos, salsa de jitomate y chile, la crema y el queso rallado, alternándolos. Termine con una capa de crema y queso. Introduzca la fuente en el horno que debe estar a 250°C. Retire cuando gratine.

## Pámpano a la campechana

INGREDIENTES:

1 ½ kgs de pámpano
1 cebolla grande cortada en rebanadas
4 cucharadas de aceite de oliva
2 limones
1 cucharada de sal
4 dientes de ajo
6 cominos
½ cucharada de pimienta
½ cucharada de orégano seco
⅓ de barra de achiote
1 naranja (el jugo, opcional)
2 limones (el jugo, opcional)

CÓMO PREPARAR:

Limpie y lave bien los pámpanos, úntelos con sal y limón; deje reposar por 2 horas. Muela el achiote junto con las especias y un poco de agua o jugo de naranja o limón. Unte por dentro y por fuera los pámpanos con el aceite y la salsa de achiote. Colóquelos en un refractario alargado previamente engrasado, cubra con la cebolla, lleve al horno previamente calentado a una temperatura de 250°C.

Cuando haya soltado el jugo, retire el caldo y deje que el pescado se dore en el horno. Sirva en seguida y vierta su caldo por encima.

# Panuchos de pavo

INGREDIENTES:

2 tazas de frijol negro (cocido y machacado)
½ kg de masa de maíz
2 tazas de pechuga de pavo cocida en trocitos o deshebrada
3 huevos duros
½ taza de cebollitas en escabeche
2 cucharadas de manteca
aceite

CÓMO PREPARAR:

Refreír bien el frijol en 2 cucharadas de manteca. Con la masa, hacer 24 tortillas delgadas, que se cuecen en el comal. Levante la capa delgada de las tortillas, rellene con frijoles y agregue unas rebanadas de huevo duro. Cierre y fría, evitando que se endurezcan. Escurra sobre papel estraza y encima coloque el pavo en trocitos y las cebollitas en escabeche.

# Panuchos de Veracruz

INGREDIENTES:

500 gramos de róbalo blanco cocido y desmenuzado
500 gramos de masa de maíz
2 tazas de frijoles negros, guisados y molidos
2 cucharadas de cebolla picada
3 cucharadas de aceite vegetal
1 diente chico de ajo picado
6 cucharadas de aceite para freír
2 cucharadas de perejil o cilantro picado
1 jitomate picado

CÓMO PREPARAR:

Forme con la masa unas gorditas que se cuecen en el comal. Corte una tapita y saque la masa suave hasta que queden huecas. Con las 3 cucharadas de aceite, fría la cebolla y el ajo. Cuando se hayan acitronado, añada el jitomate picado, sin piel ni semillas. Deje sofreír muy bien y luego agregue el perejil o cilantro y el pescado, previamente cocido y desmenuzado. En las gorditas coloque una capa de puré de frijol; luego, un poco de pescado guisado y cubra con la tapita que se le quitó. Un poco antes de servir, se fríen los panuchos en aceite caliente y se escurren bien. Sirva en seguida.

# Patitas en escabeche de leche

INGREDIENTES:

4 patitas de cerdo tiernas
2 cucharadas de harina
3 huevos
1 ½ tazas de leche
6 cucharadas de aceite
azúcar al gusto
50 gramos de pasitas, almendras, piñones
1 cebolla
hierbas de olor al gusto
sal al gusto

CÓMO PREPARAR:

Limpie y lave muy bien las patitas, cocínelas en una olla de presión durante 1 hora (en una olla común se necesitan varias horas), añada al agua la cebolla, hierbas aromáticas y sal. Deberán quedar muy suaves. Después, deshuéselas. Hierva la leche con el azúcar en la cantidad que se desee. Poco antes de servir el platillo, tome los trozos de las patitas deshuesadas, espolvoree con harina y páselas por huevo para capear sazonadas con sal. Finalmente fría en aceite. Escurra bien sobre papel y decore con las pasitas, las almendras peladas y cortadas en trocitos y los piñones. Sirva caliente.

# Pejelagarto en chirmol

INGREDIENTES:

1 pejelagarto de dos kilos
250 gramos de semillas de calabaza
1 tortilla
250 gramos de masa
2 chiles dulces (pimiento morrón)
1 cebolla
1 rama de epazote
1 ajo
12 hojas de epazote
2 jitomates rebanados

CÓMO PREPARAR:

Se asa el pejelagarto, se le quita la piel y se corta en trozos. Se vuelve a asar para que quede bien dorado. Se tuestan las semillas de calabaza y la tortilla; los chiles se fríen; la cebolla se asa y todo se muele junto con la masa, el ajo y 2 tazas de agua; se cuela. Se pone al fuego la mezcla, y una vez que hierve, se le agregan la rama de epazote y los trozos de pejelagarto. Se retira del fuego y se sirve adornando el plato con los chiles dulces, hojitas de epazote y los jitomates rebanados.

# Picadas veracruzanas

INGREDIENTES:

1 kg de masa de maíz
250 gramos de carne de cerdo, res o pollo
1 cebolla picada finamente
1 taza de queso fresco desmoronado
mole, salsa de tomate o salsa de jitomate

CÓMO PREPARAR:

Cueza y deshebre la carne. Haga tortillas un poco gruesas. Cuézalas en un comal y haga un borde con los dedos para ahuecarlas un poco. Rellene con mole o salsa y agregue la carne deshebrada, la cebolla y el queso.

# Picadillo

INGREDIENTES:

750 gramos de carne de res molida
3 jitomates
1 diente de ajo
1 cucharada cafetera de vinagre
½ cebolla picada
1 papa
2 zanahorias
aceite
sal y pimienta al gusto

Cómo preparar:

Cocer las zanahorias y la papa, y corte en cuadros. Fría la cebolla hasta que se transparente y agregue la carne. Siga friendo hasta que esté casi cocida; añada sal y pimienta.

Licue el jitomate con el ajo y el vinagre y cuele sobre la carne. Deje hervir unos 5 minutos. Agregue las verduras y media taza de agua. Cueza hasta que la verdura esté tierna y sazonada la salsa.

## Pipián rojo con pollo

Ingredientes:

1 pollo en trozos
3 jitomates
6 piezas de chile ancho
1 cebolla rebanada
2 ajos picados
8 cucharadas soperas de ajonjolí
1 pizca de clavo de olor molido
1 pizca de canela molida
aceite
sal al gusto

Cómo preparar:

Cueza los trozos de pollo en 3 tazas de agua con sal hasta que estén tiernos. Aparte el caldo. Tueste ligeramente el ajonjolí. Tueste, desvene y remoje los chiles y lícuelos con los jitomates, el ajo, la cebolla y el ajonjolí. Fría en aceite hasta que sazone. Añada clavo, canela y sal. Agregue las piezas de pollo y 2 tazas del caldo en que las coció. Hierva 10 minutos más.

# Pollo a la Valentina

INGREDIENTES:

1 pollo partido
1 cebolla cortada en dos
1 diente de ajo
1 rama de perejil
1 zanahoria partida
aceite
1 kg de jitomate asado y pelado
1 cebolla mediana
2 dientes de ajo chicos
½ taza de vinagre de chiles jalapeños
1 cucharada de orégano
½ cucharada de mejorana
1 cucharada de azúcar o al gusto
sal al gusto

CÓMO PREPARAR:

Ponga a cocer el pollo con la cebolla, el ajo, el perejil, la zanahoria, agua para cubrir y sal al gusto. Cuando esté bien cocido, se escurre, se pasa por la salsa de jitomate, se fríe en aceite caliente, se acomoda en un platón y se baña con el resto de la salsa.

Para preparar la salsa, muela el jitomate con la cebolla, el ajo, el vinagre de los chiles jalapeños. Cuele y añada el resto de los ingredientes y sazone. Finalmente, acompañe con papas cocidas.

## Pollo al chipotle

INGREDIENTES:

1 ½ kgs de pollo (pierna y muslo)
1 kg de cebolla
1 barra de mantequilla de 250 gramos
1 lata de chiles chipotle
250 gramos de crema semiespesa
sal al gusto

CÓMO PREPARAR:

En una olla ponga toda la mantequilla a derretir. Agregue las piezas de pollo previamente lavadas. Aparte corte las cebollas y los chipotles; vierta a la sazón. Deje hervir por espacio de 25 minutos moviendo de vez en cuando sin maltratar las piezas. Cuando note que el pollo está cocido (puede introducir un cuchillo hasta que éste salga limpio), vierta la crema poco a poco evitando que se corte. Remueva y deje 10 minutos más al fuego. Si queda muy espeso puede servir un poco de caldo de pollo. Sirva caliente.

# Pozole blanco

INGREDIENTES:

1 kg de maíz pozolero
1 cabeza de ajo
hierbas de olor al gusto
3 kgs de carne de cerdo mixta de cabeza, maciza y patas
3 limones rebanados
3 cucharadas de cebolla finamente picada
2 cucharadas de orégano
2 cucharadas de chile piquín en polvo
sal gruesa al gusto

CÓMO PREPARAR:

Ponga a cocer el maíz previamente lavado en 4 litros de
agua con la cabeza de ajos machacada y el ramillete
de hierbas. Corte en trozos regulares la carne. Cuando el
maíz reviente como flor y haga espuma se agrega la carne; se pone un poco de sal, se baja el fuego y se deja
cocer hasta que la carne esté tierna. Sirva en tazones
junto con los demás ingredientes para adornar.

# Pozole blanco de Guerrero

INGREDIENTES:

650 gramos de maíz para pozole
250 gramos de cabeza de cerdo
125 gramos de espinazo de cerdo

250 gramos de pulpa de cerdo
3 dientes de ajo
1 cebolla grande en rebanadas
2 limones
½ lechuga orejona
1 manojo de rábanos
1 cucharada de cal
salsa picante (opcional)
sal al gusto

CÓMO PREPARAR:

Cocine toda la carne en agua con sal. Lave el maíz y colóquelo en 2 litros de agua con cal. Ponga a cocinar, y cuando pueda despellejarse, lave restregándolo muy bien. Descabece y cocine a fuego fuerte en bastante agua con los ajos. Cuando el maíz reviente, añada la carne, sazone y deje hervir unos minutos más.

Para servir, adorne con rebanadas de cebolla, lechuga picada y rábanos cortados. Puede acompañar también con cuartos de limón y salsa picante.

# Pozole tapatío

INGREDIENTES:

375 gramos de maíz pozolero
¾ de cucharada de cal
500 gramos de pollo

250 gramos de cabeza de cerdo
250 gramos de lomo de cerdo
10 manitas de cerdo
3 piezas de chile ancho sin semillas
1 diente de ajo
¼ de pieza de queso fresco en tiras
½ lechuga
½ rábano largo en rodajas o picado
cebolla picada
orégano en polvo
limones cortados en cuartos
aguacates pelados en tiras
tostadas

CÓMO PREPARAR:

Un día antes ponga a hervir agua con cal, agregue el maíz. Cuando éste se ponga amarillo y se le desprenda la cascarilla, retírelo del fuego y colóquelo en un escurridor para lavarlo.

Tueste, desvene y quítele las semillas a los chiles, que se ponen a remojar en agua caliente con sal la noche anterior. Al día siguiente, cocine el maíz tirando la primera agua. Ponga a hervir de nuevo con la carne. Cuando el maíz empiece a reventar y la carne esté a mitad de su cocimiento, añada la sal y el chile molido con el ajo, dejando hervir todo hasta que la carne esté muy suave.

El resto de los ingredientes se colocan en la mesa para que los comensales se sirvan al gusto.

# Queso relleno

INGREDIENTES:

½ kg de carne de cerdo
1 queso de bola (holandés) limpio de cera
3 chiles serranos finamente picados
2 cucharadas de jamón crudo
2 cucharadas de cebolla finamente picada
2 huevos
2 jitomates molidos y colados
1 cucharada de perejil, picado fino
4 tomates verdes, molidos y colados
1 diente de ajo molido
100 gramos de aceitunas picadas finamente
50 gramos de pasas sin semillas
50 gramos de almendras, peladas y picadas
250 gramos de crema fresca
1 cucharada de aceite
sal al gusto

CÓMO PREPARAR:

En una cucharada de aceite fría la cebolla con el jamón; luego, añada la carne, los jitomates, los tomates, los chiles (tostados y desvenados), las aceitunas, las pasas, las almendras, el ajo, el perejil y la sal.

Deje cocinar a fuego lento hasta que la carne esté cocida. Retire del fuego y añada los huevos, ligeramente batidos, y un poco del queso desmoronado.

Mezcle todo muy bien, y con esto rellene el queso (al cual previamente se le habrá vaciado con una cuchara por la parte superior, dejándole una capa de 1 cm de espesor para que no se deshaga al cocinarse).

Coloque el queso relleno en una vaporera, teniendo cuidado de que no la toque el agua. Dejar al vapor del agua hirviendo durante media hora. Cubrir con la crema y servir caliente.

## Sábalo a la parrilla

INGREDIENTES:

1 pescado sábalo
1 taza de aceite de oliva
50 gramos de alcaparras
mantequilla
sal y pimienta al gusto

CÓMO PREPARAR:

Descame, vacíe y lave el sábalo. Seque y deje escurrir entre dos lienzos. Coloque en un platón con sal, pimienta y aceite. Mezcle bien en esta salsa para que penetre bien y deje reposar aproximadamente una hora. Luego, coloque sobre la parrilla a fuego lento. Al llevarlo a la mesa recubra con mantequilla derretida y esparcidas por encima las alcaparras.

## Salsa de chile a la campechana

INGREDIENTES:

10 chiles pasilla
1 ajo asado
1 naranja agria
sal al gusto

CÓMO PREPARAR:

Tueste los chiles y retire las semillas y el rabo, muela en el molcajete junto con ajo asado, jugo de naranja y sal al gusto. Esta salsa se puede emplear para pescado frito.

## Sopa de lima

INGREDIENTES:

2 limas agrias
6 tortillas
1 pechuga de pollo
6 higaditos de pollo
1 cebolla morada picada finamente
½ cabeza de ajo
6 rebanadas de lima
4 ramas de cilantro picado
aceite para freír

CÓMO PREPARAR:

Tueste ligeramente la media cabeza de ajo. Parta las tortillas en tiritas y fríalas hasta que doren; colóquelas sobre

papel absorbente para quitar el exceso de grasa. Cueza en 7 tazas de agua con sal los higaditos y la pechuga de pollo con la cabeza de ajo. Cuando esté cocida la carne, deshebre la pechuga y pique los higaditos. Cuele el caldo. Ponga la carne deshebrada y los higaditos picados en el caldo; agregue el jugo de dos limas.

Sirva colocando en otro platón la cebolla picada, el cilantro, las rebanadas de lima y las tiritas de tortilla para que se añadan al gusto.

## Sopa de queso

INGREDIENTES:

½ kg de carne de res o de pollo
1 manojo de perejil
1 kg de queso fresco o requesón
10 rebanas de pan de caja
1 litro de leche
2 chiles de árbol o serranos
1 cebolla
aceite vegetal
5 litros de agua
sal al gusto

CÓMO PREPARAR:

Hierva la carne en 5 litros de agua, sazonando con perejil, chile y sal. Una vez que esté lista, cuele y reserve el caldo. Corte las rebanadas de pan en cuadros pequeños y dore bien con aceite vegetal. Aparte corte el queso en cuadros, sirva caldo en un tazón chico; vierta en él pedazos de queso, un poco de leche y algunos trozos de pan. Sirva bien caliente.

# Sopa de tortilla

INGREDIENTES:

12 tortillas chicas
50 gramos de queso rallado
½ taza de crema
100 gramos de manteca
1 jitomate grande
1 cebolla mediana
1 diente de ajo
4 chiles poblanos en tiras
50 gramos de mantequilla
sal y pimienta al gusto

CÓMO PREPARAR:

Corte las tortillas en forma de tiras y fríalas en manteca, dejándolas dorar levemente. Quítele la piel al jitomate, muela con la cebolla y el ajo; luego, fría en manteca.

Agregue los chiles (previamente asados, desvenados y cortados en tiritas). Sazone con sal y pimienta. Retire de la lumbre, deje enfriar un rato y añada la crema. Unte con mantequilla una fuente refractaria. Mezcle las tortillas con la salsa anterior y vierta todo en la fuente, esparza encima el queso rallado y trocitos de mantequilla. Ponga en el horno, que debe estar a 200°C y deje dorar un poco. Servir caliente.

## Tacos al pastor

INGREDIENTES:

3 kgs de bisteces de cerdo
500 gramos de manteca de cerdo
2 kgs de tortillas de maíz pequeñas
1 piña
1 frasco de pimentón (papikra)
1 ½ kgs de cebolla
1 manojo de cilantro
500 gramos de limones
sal al gusto

CÓMO PREPARAR:

En un recipiente coloque los bisteces con la manteca, el chile y la sal. Revuelva muy bien. Corte la cebolla en rebanadas grandes. En la varilla del asador comience a pinchar la carne de forma que quede una capa de carne con pimentón y encima una capa de cebolla, otra capa de carne con pimentón y así alternadamente hasta terminar con toda la carne. Coloque la piña arriba de la carne. Ponga la varilla en el asador. Aparte corte el cilantro y la cebolla restante en cuadros muy finos y reserve. Una vez que la carne esté lista, caliente las tortillas remojadas con un poco de manteca, ponga en ellas abundante carne,

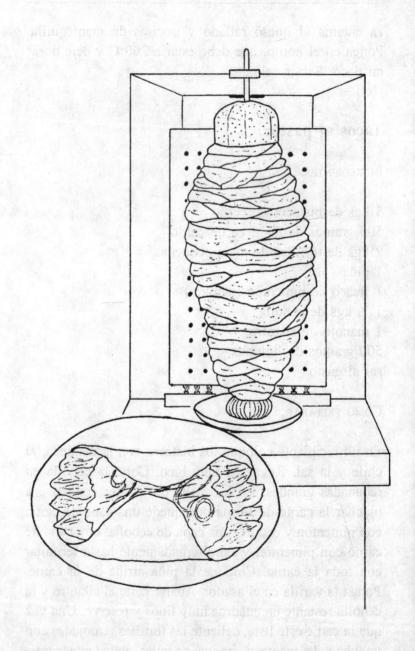

cebolla, cilantro y piña. Sirva para acompañar los limones y la salsa de su preferencia.

## Tacos de Sonora

INGREDIENTES:

18 tortillas chicas
1 pechuga de pollo
3 jitomates
1 cebolla
chile serrano al gusto
manteca
sal y pimienta al gusto

CÓMO PREPARAR:

Cueza la pechuga en agua con sal y desmenúcela. Ponga un poco de pollo desmenuzado sobre cada tortilla y enrolle para formar tacos. Fríalos en manteca. Ase los chiles y los jitomates. Píquelos. Fría la cebolla picada en 2 cucharadas de manteca, agregue los chiles y los jitomates picados. Añada sal y pimienta. Hierva ligeramente la salsa hasta que sazone y espese un poco. Sírvala sobre los tacos.

# Tacos potosinos

INGREDIENTES:

18 tortillas suaves
1 pechuga de pollo
4 jitomates
1 cebolla mediana
2 tazas de ejotes
3 papas chicas
4 zanahorias
½ taza de queso rallado
1 taza de crema
6 hojas de lechuga
chiles en vinagre
hierbas de olor al gusto
aceite
sal al gusto

CÓMO PREPARAR:

Cueza el pollo en agua con sal y deshébrelo. Parta los ejotes, las papas y las zanahorias; cuézalos, escúrralos y fría todo ligeramente. Ase el jitomate y pélelo. Lícuelo con la cebolla, las hierbas de olor y la sal. Pase las tortillas por la salsa y fríalas en aceite. Ponga sobre cada tortilla un poco de pollo deshebrado, enrolle las tortillas y coloque tres taquitos en cada plato. Ponga sobre los tacos un poco de la verdura frita, espolvoree con queso, añada una cucharada de crema y adorne con chiles en vinagre y hojas de lechuga bien lavadas.

# Tamales

Ingredientes:

1 kg de harina de maíz para tamal
1 cucharada sopera de polvo de hornear
1 ½ tazas de manteca
½ taza de caldo de pollo
10 cáscaras de tomate
2 cucharadas soperas de anís
hojas de maíz lavadas
sal al gusto

Cómo preparar:

Hierva en 2 tazas de agua las cáscaras de tomate con el anís. Cuele y separe el agua. En un recipiente ponga la harina de maíz, añada sal y polvo de hornear. Semiderrita la manteca y viértala en la mezcla anterior. Amase añadiendo poco a poco tanto el caldo de pollo como el agua donde hirvieron las cáscaras de tomate hasta obtener una textura uniforme y se logre que una bolita de masa flote en agua sin desbaratarse. Coloque una porción de masa en cada hoja de maíz y envuelva. Si lo desea puede rellenar con queso, carne de res, pollo o picadillo de soya cocidos y salsa al gusto o mole. Acomode en una vaporera y cueza durante dos horas aproximadamente.

# Tapado de lengua

INGREDIENTES:

½ kg de lengua de res cocida
1 vaso de vino Málaga
4 papas en cuadros
4 chiles verdes en tiras
1 jitomate grande en rebanadas
1 cebolla grande en rebanadas
4 dientes de ajo
10 almendras
10 aceitunas
5 alcaparras
1 clavo de olor
¼ de cucharadita de pimienta
¼ de cucharadira de canela en polvo
manteca
sal al gusto

CÓMO PREPARAR:

Fría las rebanadas de cebolla en la manteca. Aparte fría ajo y jitomate en otra cazuela en la que agregará las tiras de chile verde y manteca, cuidando que no quede muy refrito.

En otra cazuela vacíe la fritura anterior, coloque alternadamente una capa de rebanadas de lengua previamente cocida y espolvoree las especias molidas; adorne con papas cortadas en cuadros, almendras, aceitunas y alcaparras. Siga colocando en este orden hasta que se terminen todos los ingredientes.

Introduzca en el horno caliente y retire cuando el caldo se haya consumido completamente, teniendo cuidado de que no se queme. Sirva caliente.

# Taquitos de Silao, Guanajuato

INGREDIENTES:

16 tortillas chicas
100 gramos de queso fresco
½ kg de chorizo
3 chiles chipotles en vinagre
2 aguacates
1 taza de salsa de tomates verdes
2 cebollas medianas picadas finamente
1 diente de ajo
½ lechuga
1 rama de cilantro picado
manteca

CÓMO PREPARAR:

Fría los chorizos en manteca y retírelos de la sartén. En la manteca que quedó, fría la cebolla. Retírela y en la misma manteca fría levemente las tortillas. Después, a cada una de ellas colóqueles una rebanada de queso, una de aguacate, una de chipotle (sin semilla), una de chorizo, cebolla frita y un poco de salsa de tomate.

Enrolle las tortillas y colóquelas sobre un platón. Recubra con cilantro picado y decore con las hojas de lechuga.

# Tatemado al estilo Colima

INGREDIENTES:

1 kg de lomo de cerdo
½ cucharada de comino
2 hojas de laurel
3 dientes de ajo
½ cucharada de pimienta molida
6 piezas de chile pasilla
50 gramos de manteca
vinagre al gusto
sal al gusto

CÓMO PREPARAR:

Mezcle las especias con vinagre. Troce la carne y colóquela en una cacerola con manteca, sal y las especias molidas, las hojas de laurel enteras y un litro y medio de agua, póngala en el horno, teniendo cuidado de que no le vaya a faltar agua. Cuando la carne esté cocida, retire del horno y sirva en su jugo.

# Tinga

INGREDIENTES:

1 kg de lomo de cerdo
200 gramos de longaniza
5 jitomates asados picados
3 papas

1 ½ cebollas
2 dientes de ajo
2 cucharadas soperas de vinagre
4-6 chiles chipotles
hierbas de olor al gusto
aceite
2 aguacates
hojas de lechuga picadas finamente

Cómo preparar:

Cocer la carne con media cebolla y dos dientes de ajo. Ya cocida, déjela enfriar y deshébrela. Pele las papas, pártalas en cuadros y cueza. Fría la longaniza; retire, y en la misma grasa, fría otra media cebolla picada y la carne deshebrada; agregue el jitomate, las papas y los chipotles. Reincorpore la longaniza. Añada vinagre, hierbas de olor y sal. Deje hervir hasta que reseque un poco. Vierta todo en un platón. Adorne con cebolla rebanada, tiras de aguacate y lechuga.

# Tiritas de pescado

Ingredientes:

500 gramos de pescado
6 cebollas moradas
5 limones
8 chiles serranos
sal al gusto

CÓMO PREPARAR:

Corte el pescado en tiritas de manera uniforme y bañe con el jugo de los 5 limones. Déjelo reposar por media hora (de preferencia en el refrigerador).

Pique la cebolla morada en tiritas de manera uniforme. Haga lo mismo con los chiles serranos. Ya que se sazonó el pescado, agregue la cebolla, los chiles picados y sal al gusto.

# Tortas ahogadas

INGREDIENTES:

500 gramos de carnitas
8 bolillos
100 gramos de chile de árbol
250 gramos de frijoles fritos
1 pizca de orégano
10 jitomates
3 clavos de olor
2 dientes de ajo
sal al gusto

CÓMO PREPARAR:

Abra el bolillo, unte de frijoles, agregue las carnitas al gusto y bañe con la salsa de jitomate que se prepara así: Cueza los chiles con agua, ajo, sal, jitomate, clavo y orégano; licue y viértala sobre las tortas aún caliente.

# Índice

Impreso en los talleres Gráficos De
Servicios Empresariales de Impresión S.A. de C.V.
con domicilio en Juan N. Mirafuentes No. 44,
Bodega 8, Col. Barrio de Los Reyes
Distrito Federal, C.P. 08620, Del. Iztacalco.
El tiraje fue de 1,000 Ejemplares